आर. चेतनक्रान्ति

उत्तर प्रदेश के सहारनपुर ज़िले के उमरी कलाँ गाँव में जन्म। शुरू की पढ़ाई-लिखाई वहीं (गाँव के प्राथमिक और इंटरमीडिएट विद्यालयों में); मेरठ वि.वि. से स्नातकोत्तर।

दो कविता-संग्रह, 'शोकनाच' (2004) और 'वीरता पर विचलित' (2017) प्रकाशित हैं।

कविता के लिए 'भारतभूषण अग्रवाल स्मृति पुरस्कार', 'स्पन्दन पुरस्कार', 'अमर उजाला शब्द सम्मान' और राजस्थान पत्रिका के 'वार्षिक कविता पुरस्कार' से सम्मानित।

ई-मेल : rchetankranti@gmail.com

आत्मद्रोह

आर. चेतनक्रान्ति

राजकमल पेपरबैक्स

राजकमल पेपरबैक्स में
पहला संस्करण : 2023

राजकमल पेपरबैक्स : उत्कृष्ट साहित्य के जनसुलभ संस्करण

राजकमल प्रकाशन प्रा.लि.
1-बी, नेताजी सुभाष मार्ग, दरियागंज
नई दिल्ली-110 002
द्वारा प्रकाशित

शाखाएँ : अशोक राजपथ, साइंस कॉलेज के सामने, पटना-800 006
पहली मंजिल, दरबारी बिल्डिंग, महात्मा गांधी मार्ग, प्रयागराज-211 001
वेबसाइट : www.rajkamalprakashan.com
ई-मेल : info@rajkamalprakashan.com

यश प्रिंटोग्राफिक्स
नोएडा-201 301 (उत्तर प्रदेश)
द्वारा मुद्रित

मूल्य : ₹199

AATMADROH
Poems by R. Chetankranti

ISBN : 978-81-19159-40-6

सबा के लिए

क्रम

कविता

ग़ज़ल

नज़्म

कविता

आत्मद्रोह

...और फिर देश यातना के लिए
हाथ जोड़कर खड़ा हो गया
सब एक आवाज़ में बोले,
हमें दुःख दो
और ज़्यादा दुःख
और ज़्यादा यातना
और ज़्यादा पीड़ा

वे सुख से ऊब चुके थे
बेसाख़्ता वाली हँसी से
सुबह की चाय से
आरती से घंटियों से धूप से धुएँ से दीये से
रोज़-रोज़ के रास्ते से
टीवी से रजाई से रसोई से
बाथरूम से क़ब्ज़ से गैस से

चुटकुलों से   ख़बरों से
चूहों की आवाजाही से
बीवी और बेटी की फ़ैशनपरस्ती से

...वे आज़ादी से ऊब चुके थे
और अब सिर्फ़ मनोरंजन के लिए
हिंसा का
हत्या का
मृत्यु का
और दु:ख का
आह्वान कर रहे थे

उन्होंने हिंसा माँगी
द्वारे-द्वारे माँगते फिरे वे हत्या
हत्यारों की तारीफ़ में क़सीदे पढ़ते हुए
अहिंसकों को धीरे-धीरे पीछे करते हुए
कमज़ोरों से कहते हुए कि भाग जाओ
चले जाओ जहाँ तुम्हें तुम्हारा देश मिले

ढूँढ़ते फिरे गली-गली कि कोई राजा जैसा राजा हो
कोई ताक़त का पुतला
चौड़ी छाती   मज़बूत जाँघों   फ़ौलादी कलाइयों वाला देव
जो हुक्म दे   पीटे   घसीटता फिरे
कि जिसे अपने सबसे पवित्र क्षणों में सिर्फ़ हत्या का ख़याल आए

...अन्तत: वे उन्हें मिलने लगे
क़िस्म-क़िस्म के तानाशाह
क़िस्म-क़िस्म के अत्याचारी

सहने की हदों को और-और आगे धकेल देने वाले उत्पीड़क

वे हर तरफ़ से निकले   हर घर से   हर गली से
हर अँधेरी जगह से   इठलाते हुए   हुंकारते
चुनौती देते   कुहनियों से ठेलते हुए
कोड़े बरसाते हुए   ऊबी हुई
उकताई हुई   इंतिज़ार करती प्रजा पर

...और प्रजा ख़ुश हुई
ख़ुश हुए वो
जो अपनी बीवियों को, बच्चों को, गली के पिल्लों को
पीट-पीटकर ऊब चुके थे
ख़ुश हुए
जो अपनी बेईमानियों चालाकियों हेराफेरियों और तिकड़मों की
अबाध सफलता से ऊब चुके थे
ख़ुश हुए जो हँसते-हँसते पादने लगे थे
ख़ुश हुए जो लगातार की ख़ुशी से झुँझलाने लगे थे

ख़ुश हुए वे
जो अब कुछ और चाहते थे
जैसे कि गली-गली भर ख़ून
भर-भर नालियाँ आँसू
सात-सात आसमानों के पार
ईश्वर के शयनकक्ष तक जाने वाली चीख़ें

और एक ईश्वर
जो सब संसारों के ऊपर
एक हाथ में शिश्न और एक हाथ में चाकू लिये खड़ा हो

जो एक बार ख़ून थूके दूसरी बार फिर ख़ून
और तीसरी बार वीर्य
जैसे बारिश होती हो

बारिशों से, जाड़ों से, गर्मियों से
और हर साल इन्हीं के आते और जाते रहने से ऊबे हुए
वे सारे लोग ख़ुश हुए
और उनकी ख़ुशी को ख़ून में बदलने वाले जादूगर
उनसे भी ज़्यादा।

नया साल

हर साल
अमीरों की
और नस्लें बाज़ार में आ जाती हैं
हर साल
वे दिखते हैं
और ओछे
अपने पुरखों से।

हर साल
और गहरे
पैठ जाता है भाषा में
विज्ञापन-लेखक
और ज़्यादा जान जाता है
जन का मन।

हर साल
और नज़दीक खुल जाती है दुकान
हर साल
हम और ज़्यादा साहस के साथ
ख़रीदने की तरह
करने लगते हैं बिकना।

हर साल
और ज़ोर से बोलता है
क़ानून
हर साल
और पीछे हट जाते हैं
नहीं कहने वाले।

हर साल
हम
और कम पर
हो जाते हैं राज़ी।

हर साल
हम लिखते हैं
और घटिया कविता
जैसी
ये है।

इतना पैसा

बहुत सारा पैसा चाहिए मुझे
बेहिसाब तो नहीं, पर काफ़ी
मतलब एक आम हिन्दुस्तानी ग़रीब
जितने की कल्पना करता होगा
उसने दो या ढाई गुना ज़्यादा

बहुत सारे काम हैं
जो पैसे की कमी से
अधूरे पड़े हैं

कोई किताबी बात कहकर
मैं यहाँ अपनी लालसा को
कविता में नहीं बदलने जा रहा
न ही अपने पुरखों की लगातार मौतों से
कोई कहानी गढ़ने जा रहा
कि आख़िर में आपको स्वयं ही लगे
कि बुरा क्या अगर यह शख़्स इतने बेशर्म ढंग से
मुद्रा-कामी हो उठा

आगे कुछ कहने से पहले
मैं फिर यह बता देना चाहता हूँ
कि यह कोई साहित्यिक आह्वान नहीं है
और इसका उद्देश्य पुरस्कार नहीं है
यह सिर्फ़ और सिर्फ़
एक अतृप्त मन की अकुंठ अभिव्यक्ति है

मैं उन्हें भी हर आशंका से बरी कर देना चाहता हूँ
जिनके पास बेहिसाब पहले ही आ चुका है
कमाकर या जैसे भी
मैं उन्हें आश्वस्त कर देना चाहता हूँ
कि यह कविता नहीं है
और जिस तरह सब ने
मैंने भी उन्हें स्वीकार कर लिया है

मैं बस अपनी लिप्सा गा रहा हूँ
अपनी इच्छाएँ, अपने सपने, अपने इरादे, और बेशक, भूख

वे चालाक चतुर भी फ़ारिग़ हो बैठें
जिन्हें पता है कि वे तो पा ही लेंगे
इस वक़्त वे भी मुझे संसार का शाप नहीं लग रहे
जैसा कि वे ख़ुद मानते हैं, वे भी ज़रूरी हैं

अनेक बार मैं कह चुका हूँ
कि पैसा कई-कई तरह से
एक सहूलियत है
कई बातें हैं जो उसके हो जाने से
नहीं होतीं

मसलन, आपको कई तरह की चिन्ताएँ नहीं रहतीं
लोगों के लिए आपको समझना आसान हो जाता है
वे सम्मान और अपमान के विकल्पों को धरते-उठाते
अपना समय ज़ाया नहीं करते
और ख़ुश होकर कई मुश्किलें ख़ुद ही आसान कर देते हैं
पैसा अगर आपके लिए उतना ही मायने रखता हो जैसा मेरे लिए
तो आपके जीवन का एक ठोस उद्देश्य हो जाता है
जिसे आप लाठी की तरह लेकर चल सकते हैं, चला सकते हैं,
दिखा सकते हैं, किसी को भगा सकते हैं, किसी को बुला सकते हैं
बाक़ी और कोई चीज़ इस काम को इस तरह नहीं करती

बहुत सारी चीज़ें इससे मिलती भी हैं
जिनके नहीं होने को वही लोग जानते हैं जिनके पास वे नहीं हैं
मेरे पास जैसे एक कार, एक सोफ़ा, एक गद्देदार बिस्तर,
एक अच्छा घर, एक सुन्दर नौकरानी, डाइनिंग टेबल
ग़लीचे, दरियाँ, कालीन, पाँवपौंछ, एक जापानी सेक्स-डॉल,
शोरगुल-रोधी कमरा, कई-मुँहा म्यूज़िक सिस्टम, दो कमरे का बाथरूम
एक कमरे का बाथटब, तैरने के लिए अपना तालाब, बैठने
के लिए अपना मैदान, उड़ने के लिए अपना आसमान,
और कहने के लिए अपना, सिर्फ़ अपना कोई वाक्य
जो बता सके कि देखो यह हूँ मैं।

मुझे बस इन्हीं कुछ चीज़ों के लिए पैसा चाहिए

हाँ, बस एक और चीज़
कि जब मेरा मन कहे
कि चलो, मैं जा सकूँ।

व्यतीत वीर

जिन्हें वर्तमान में जगह नहीं मिली
वे अतीत की तरफ़ चले

चले वे कहते हुए
अरे कितना अन्याय हुआ
कितना अत्याचार
पाँच सौ साल पहले

श्मशानों क़ब्रिस्तानों से होते हुए
पहुँचे वे स्मारकों तक
जो वर्तमान के पर्यटन स्थल थे
आज के बच्चे और प्रेमी जहाँ
भविष्य-भविष्य खेलते थे

वहाँ भी उन्होंने श्मशान करना चाहा

चाहा कि ख़ून ख़ून कर डालें यहाँ भी
जैसे हुआ था
पाँच सौ साल पहले
जैसा कि उन्होंने बताया कि उन्हें बताया गया है।

वे पाँच सौ साल पुराना मस्तिष्क लेकर
किसी प्राकृतिक गड़बड़ी के चलते
वर्तमान की कोख में आ पड़े थे
और समझ नहीं पा रहे थे कि
इस एक्सपायर्ड वजूद का क्या करें

अपने भीतर खुली पाँच सौ साल की खाई कूदकर
वे हमारे वर्तमान में नहीं आ सकते थे
सो अपना वर्तमान ढूँढ़ने वे पाँच सौ साल पीछे गए

पाँच सौ साल पुराने हथियार ढूँढे उन्होंने
पाँच सौ साल पुरानी वीरताएँ
पाँच सौ साल पुरानी नफ़रतें धो-पोंछ कर पहनी गले में
पाँच सौ साल पुरानी सार्थकताएँ छातियों पर सजाईं
और त्योहारी झाँकियों की तरह निकले
वर्तमान के बाज़ारों में
जहाँ समय की कामनाएँ
भविष्य के नियॉन ख़्वाब बुनती थीं

वे हैरान हुए देखकर
कि मानव-मुंडों की मीनारें
नहीं हैं कहीं
कहीं भी नहीं हैं

अलग-अलग कटे हाथों पैरों घुटनों टखनों जाँघों बाँहों
और स्तनों के शोरूम
वे हताश हुए
और मचल उठे   कि करें
जैसा सुना था उन्होंने
कि होता था पाँच सौ साल पहले
उनके अपने समय में।

वर्तमान में वे
ख़ुद को फालतू पाते थे
कि जैसे पूँछ निकल आई हो वापस
मनुष्य की देह में
और समझ न पा रही हो
कि पतलून में
जहाँ हर अंग की जगह थी
वह कहाँ रहे

सो वे दुबारा नापने
दुबारा काटने
दुबारा सिलने के लिए बैठ गए
इतिहास का कोट
पत्थर की कैंची और पत्थर की सुई से

उन्हें वर्तमान पर क्रोध आता
क्रोध से थरथराते काँपते बिलबिलाते
वे अपने प्राचीन वर्तमान में खड़े
अपने कवच शिरस्त्राण धनुष बाण तरकश तलवारें
उठाते और रखते

युद्ध में डूबे रहते
कंकालों से लड़ते   उन्हें पछाड़ते   जीतते   उत्सव मनाते

कहते कि यहाँ के बाद जो हुआ होगा
हमें नहीं पता
हमें नहीं जानना
हमें मत बताओ
हमें नहीं चाहिए
हम यहीं से दुबारा चलेंगे
हमारा वर्तमान दूसरा होगा
जिसमें बस हम रहेंगे
और कोई नहीं।

(विचित्र थे ये लोग
बहुत फबते होंगे
पाषाण और लौह वाले युगों में

लेकिन डिजिटल में काहे भसड़ पोत रहे बे!)

शाम को सिंगार करने वाली औरतें

उन्हें बताया गया कि वे वेश्याएँ नहीं विवाहित हैं
सो दोपहर बाद वे पूरे हक़ से सिंगार करने बैठतीं

उन्हें यह भी कहा गया कि वे नौकरानियाँ नहीं
घर की मालकिनें हैं
सो सजकर अपनी पूरी सामर्थ्य से
वे रसोई में कल से अच्छी सब्ज़ी चढ़ा देतीं

उन्हें कहा गया
कि यहाँ कोई उन्हें देखकर सिक्के नहीं फेंकेगा
वे बेखटके आकर छज्जों पर जम जातीं

और इंतिज़ार करतीं
उनका
जिनके नाम पर वह घर था जिसमें वे रहती थीं

जिनके पास वे पैसे थे जिन्हें वे ख़र्च करती थीं
जिनके वे बच्चे थे जिन्हें वे पैदा करती थीं
और पालती थीं

वे जब नुक्कड़ पर झूमते दिखते
लहराकर वे दरवाज़ा खोलतीं
और पूरे होशोहवाश में बिस्तर पर गिरकर बेसुध हो जातीं

शाम को सिंगार करने वाली औरतें
घर से ज़्यादा दूर नहीं ले जाई जाती थीं
वे नहीं जान पाती थीं
कि वेश्याओं के मोहल्ले में भी यह सब
तक़रीबन
इसी तरह होता है।

प्रतिलोकतंत्र

दुकान तोड़ देंगे
मकान तोड़ देंगे
भगा देंगे सड़कों से

घेरकर बाहर शहर के
बन्दूक़ें छाती पर धर
पूछेंगे तुम्हारी पहचान
कहेंगे, साबित करो तुम मुजरिम नहीं हो।

हर वज़न के हर तरह के
जीवनमंत्री मृत्युमंत्री देशमंत्री जिलामंत्री
तुम्हारी पुलिस तुम्हारी फ़ौजें तुम्हारे सामने करके
कहेंगे यही व्यवस्था है
अब और कोई चारा नहीं

ज़ाहिर नहीं होने देंगे कि वे चुक गए
नहीं सोचने देंगे तुम्हें   कि तुम उनके बारे में सोचो

सर्दी और डर में लिथड़े हुए
जब तुम कसमसाओगे
वे तुम्हें तुम्हारे होने के अपराधबोध से सान देंगे
और तस्वीर खींचकर दिखाएँगे
कि देखो तुम कितने बुरे दिखते हो
चुनिन्दा सफल असाधारण अनुकरणीय अपने प्रिय नागरिकों की
उपलब्धियों के सुगढ़ विज्ञापन
चलाकर   तुम्हारी नाक के आगे चिपकाकर
कहेंगे देखो,
इनको देखो
और ख़ुद को देख लो।

शर्मिंदा तुम छिप जाना चाहोगे
चले जाना चाहोगे
पर वे घेर लेंगे तुम्हें
वापस खड़ा करेंगे
बड़े एक मैदान में
और रेलमपेल झोंक देंगे तुम्हारे ऊपर नीचे आगे पीछे
जाने क्या-क्या
जो तुम्हें ख़ुद ही अपना नहीं लगेगा
वह भवन वह गेट वह रोड वह पथ
वे तोपें पनडुब्बियाँ हवा से हवा में मारने वाला कुछ
कोई गैस अलग अलग ढंग से जलती आग गोले झंडे
सेल्यूट कदमताल अनुशासन शोर बैरियर्स
इजाज़तें प्रतिबन्ध क़ानून बैंक सीलिंग्स रियायतें

अख़बार विदेशी मेहमान विशाल और नयनाभिराम
जाने क्या क्या
गगनचुम्बी आक्षितिज पाताल तक फैला कुछ और
और इनकी तेज़ साफ़ स्थिर रंगों में त्रिआयामी तस्वीरें

इसके उधर अगर तुम देख सकोगे
तो अपने जैसा अपने क़द का
बिलकुल अपनी तरह का एक आदमी
तुम्हें कहीं जाता दिखाई देगा

तुम्हें वहाँ अपने होने पर सन्देह होगा
लस्त-पस्त तुम कोना-कोना खखोरते फिरोगे शहर का
ढूँढ़ते हुए अपने पहचान पत्र प्रमाण पत्र
अपने तर्क गिड़गिड़ाहटें गुर्राहटें प्रार्थनाएँ आवेदन अधिकार-संविदाएँ
अपनी प्रजनन क्षमता अपना सशक्त शिश्न अपने बाजू अपने पुट्ठे

लेकिन यह सब नाकाफ़ी पाया जाएगा
तुम साबित नहीं कर पाओगे अपनी वैधता
और मार दिए जाओगे।

घर

घर
जो पूरी दुनिया को बाहर कर देता है

जिसकी पहली दीवार
मेरे और तुम्हारे बीच खड़ी होती है
फिर दूसरी तीसरी और चौथी
और फिर एक छत
जो आसमान की कृपाओं के विरुद्ध
हमारा जवाब है

घर
जिसमें एक दरवाज़ा होता है
जहाँ हम कुत्तों और बिल्लियों के लिए
डंडा लेकर खड़े होते हैं
और संसार-भर में फैले
अपने शत्रुओं को ललकारते हैं

घर जिसमें एक खिड़की होती है
जहाँ से झाँक कर हम
शत्रु-पक्ष की तैयारियाँ देखते हैं
और उँगली घुमाकर
हवा में उड़ता रक्त चखते हैं

घर
जिसकी चौखट पर हम एक बटन लगाते हैं
जो सुबह गायत्री मंत्र
और शाम को हनुमान चालीसा बजाता है

वह घर
जो भूमि-गर्भ में खौलते लावे की छाती पर
ठेंगे की तरह खड़ा है
उस घर को मैं
जिजीविषा का प्रतीक कहता
पर तुमने उसे जाने किस जादू से
लालसा का दुर्ग बना दिया

अकसर वहाँ घुसते
मुझे भय लगता है।

भाषा जानती है

कबूतर को पता है न कोयल को
आम को पता है न पीपल को
उस बूढ़ी अम्मा को भी नहीं पता
जिसका फ़ोटो पहले लिया तुमने
और फिर लिखी कविता

कोई नहीं जानता
कि कितना झूठ बोला

कितने शब्द
अपने मांस से बनाए
और कितने
औरों की हड्डियों से नोचे
और कितने बस उठा लिये
पड़े हुए रस्ते में

और खोंस लिये मुकुट में

पर भाषा जानती है

एक दिन वह बैठी दिखेगी तुम्हें
मंच के नीचे
झुटपुटे में
शाप उच्चारती हुई।

शिश्न

वे एक स्त्री को एकान्त में कहीं पकड़ते
शराब पिलाते
और फिर सम्भोग करते

सम्भोग के बीच ही किसी वक़्त वह मर जाती
फिर उनमें से कुछ
उसकी मृत देह से सम्भोग करते

इसकी ख़बर अख़बार में छपती

सुबह उकड़ू बैठकर
पूरा राष्ट्र
नमकीन दिलचस्पी और चाय के साथ उसे पढ़ता
और देश के इस कोने से उस कोने तक तने
विशाल शिश्न में एक सुहानी हरकत महसूस की जाती।

2

धुरी दरअसल वही था
धर्म संस्कृति राजनीति समाज
सबने उसे सबसे ऊपर रखा था
पैसे और ताक़त की धमक भी
सबसे पहले वहीं सुनाई देती थी

झंडे ही टाँगने रह गए थे उस पर
बाक़ी हर जगह वह काम आने लगा था

लोग कुहनी तक हाथ दिखाकर उसकी लम्बाई बताते
रात में उसकी तस्वीरें खींच-खींच कर इंटरनेट पर डालते
वीडियो कालिंग करके
फ़्लैशलाइट में पूरी दुनिया को दिखाते

तब पता चलता
कि जो मुँह हमने दिन में देखा था
वह आदमी का नहीं एक शिश्न का मुँह था
जो हाथ पैर पीठ पेट
दुनिया का बोझा ढोते दिखे थे
वे किसी शिश्न के हाथ पैर पीठ और पेट थे

वह तनकर जिधर इशारा करता
सब उसी तरफ़ जाते
सब वहीं जाकर विश्राम करते
जहाँ वह रुकता

पूरा देश दिन-भर उसी का नाम जपता
सब भाषाओं में वह सबसे आगे खड़ा मिलता
कोना-कोना ढूँढता योनि बदहवास
सब तरफ़ स्थापित करता स्त्री-मूर्तियाँ
देव-स्थानों में, राष्ट्रीय भवनों में, उद्यानों में
सड़कों पर
गलियों में छापा मारता
सूने कोनों में दबोच कर स्त्रियों को चूमता
और फिर उन्हें भागते देखकर पीछे से हँसता।

3

वह ताक़त का सबसे भरोसेमन्द ठिकाना था
लोग जो भी कमाते
एक बार जाँच कर देखते
कि उस पर उसकी
प्रतिक्रिया क्या है

एक आदमी सारे करतब करके
ख़ूब सारा पैसा कमाता
और बन्द कमरे में
उसे मेज़ पर रखकर
धीरे-धीरे बड़ा होते देखता

एक आदमी डंड पेलता पुट्ठे कमाता
फिर तेल-भरी मुट्ठी से उसकी मोटाई नापता
और ख़ुश होता

वे एक ही जैसे शब्दों में कहते—'फाड़ देगा'
एक ही जैसी चीख़ों की कल्पनाएँ करते
हर रोज़ वे उसके लिए और मुश्किल टास्क तय करते

4

छोटे शिश्न दुर्बल शिश्न कायर शिश्न मारे जाते
कुछ युद्ध में कुछ प्यार में
ताक़त के किसी व्यूह में
वे वह नहीं कह पाते
जो वे कहना चाहते थे

हारे हुए मरे हुए
ताक़त के तनाव से उकताए हुए
असहमत शिश्न
चुपके चुपके चाहते
कि वे योनियाँ हो जाएँ
वे वापस जाना चाहते
जहाँ से उगे थे
वे ग़ायब हो जाना चाहते अचानक
अपने इलाक़े को ख़ाली छोड़कर।

इतवार

इस दिन कोई नहीं होता
इस दिन अपने अँधेरे में चेहरा छिपाकर
निश्चिन्त तुम सो सकते हो चाहे जितनी देर

इतिहास में बहुत पीछे
और भूगोल में बहुत दूर तक जाकर
किसी बड़े दिमाग़ ने सोचा होगा इसे

सोचा होगा
कि हर किसी को
कम से कम एक दिन तो मिलना ही चाहिए
आराम के लिए
डराने के शौकीनों को भी डरने के अभ्यासियों को भी
ग़ुलामी के ख़ूँख़्वार सिपाहियों को भी
आज़ादी के तलबगार तिलचट्टों को भी

इस दिन तुम किसी डरावने ख़याल को अपने ज़ेहन में नहीं आने देते
हर भय से आज़ाद
सिर्फ़ अपने आसमान में रहते हो
नीले उसके रंग में
हवा जैसे पारदर्शी
सारे मैल से फ़ारिग़
अपनी आशंकित इच्छा के आगोश में नग्न, अनाथ, लेकिन पूरे

यही वह क्षण है
जिसके बारे में ग्रंथ लिखे गए हैं
यही वह घड़ी है
जिसके लिए दुनिया के सारे युद्ध लड़े गए हैं
जिसके लिए इतने वीरों ने अपना कम्बल जैसा मोटा लहू बहाया है

यही इतवार
जो इस भुतहा कैलेंडर में
एक खिड़की की तरह खुला
तुम्हें देख रहा है

तुम जो तपती दोपहर के आसमान तले
नीमअँधेरे में
खाना खाते हुए अचानक ठिठक जाते हो
और रोटी के कौर को एक पराई निगाह से देखकर
स्तब्ध रह जाते हो।

इलाज से पहले

अच्छे-ख़ासे चलते फिरते आदमी का पड़ जाना बीमार

बेशक यह कोई रासायनिक पेचीदगी होगी
या हवा में उड़तीं कारस्तानियों का कारनामा
या ब्रह्मांड में भटकते ग्रहों के झगड़े का नतीजा
जो भी आप कहें, जो भी आप समझें

लेकिन
इलाज शुरू करने से पहले यह ज़रूर देख लें
कि लगातार
किसी और के लिए चुकने थकने
किसी और के इशारों पर उठने-बैठने
किसी और की इच्छा से सोने-जागने
की प्रतिक्रिया में तो उसने
स्वास्थ्य से मुँह नहीं मोड़ लिया!

देख लें कहीं उसकी नसें
उन इनकारों से तो रुद्ध नहीं हो गईं
जिन्हें वह करना चाहता था
पर नहीं कर पाया

उसके भीतर दवाइयाँ झोंकने से पहले
टटोलकर देख लें कि वह अब भी शरीर है
या पहले ही मिट्टी हो चुका है!

कि उसे जो हुआ है वह तुमसे उसकी बग़ावत तो नहीं
क्या मालूम वह सिर्फ़ निजात पाना चाहता हो तुमसे

उसकी देह को खोलकर देखने से पहले
एक बार उससे पूछ लें
कि अपना आपा अब भी अपना लगता है या नहीं
ऐसा न हो कि उसे तुम्हारी सम्पत्ति मानकर
वह ख़ुद ही उसके ख़िलाफ़ हो बैठा हो!

छोटे-छोटे बड़े लोग

कुबेर की टपकन तले
जगह बनाने में उन्हें वक़्त लगा
फिर दूर-दूर से बहकर आए
मुँहों के दलदल से
        अपने नाक कान गाल ओंठ
खींचने खँगालने
और ऐन टोंटी के नीचे लगाने में
थोड़ा और
        क्योंकि होड़ यहाँ ख़ूँख़ार हो जाती थी

झाँवे से रगड़-रगड़
शोधे गए माथों
छिप-छिप कर खाए
थप्पड़ों की लालिमा से सजे
                        गालों

और अलग-अलग मौक़ों पर
अलग-अलग ढंग की
फुँफकारों से फूले नथुनों
        से ठाँठें मारता यह डबरा
वर्चस्व के नए खाताधारकों का महासागर था

श्लथ मूत्रांगों और मलांगों से घिचपिच
एक दूसरे की पीठ पर
अपनी फ़तह के
शिलालेख गोदती
ठुड्डियों का जोहड़

ये सब छोटे साइज़ के
बड़े लोग थे
अत्यंत सुविधाजनक
जेब में रखकर ले जाने
और
मेज पर रखकर दिखाने लायक़
जलसे में ध्यान खींचने के लिए
बजाने लायक़

बड़े साइज़ के बड़े लोगों के
स्थायी लक्षण
कमाने में
उन्हें ज़्यादा कसरत नहीं लगती थी
उम्दा शौक़,
ज़ौक़
हत्ता कि रोग भी

सब उनके पास थे

महीन
मोहक
शानदार
कुर्ते, चुटकुले,
दिल-दिमाग़ की मीठी मुलायम दिक़्क़तें,
ठाँ-ठाँ दगती हँसी,
क़िस्म क़िस्म की मुस्कुराहटें,
कुलीन-जनोचित जिज्ञासाएँ,
उत्सुकताएँ   क्षुद्रजन के बारे में
दक्षिणी दिल्ली में उत्पन्न   आदिवासी कला के नमूने

पुस्तकें, पेनदान, पायदान,
दिल्ली हाट की यादें,
पाँचतारा होटलों के संस्मरण,
गमले, गमली,
पर्दे, पर्दी,
बहुत सारी निरर्थक चीज़ें
जिनका काम रखे रहना
और
छोटे लोगों को शर्मिंदा करना होता

कुछ बातें
जो ऊपरी माले से लटकतीं
रस्सियों को पकड़ने के लिए
बालकनी में अक्सर उछलती दीखतीं

और एक नक़्शा
इशतरी किया हुआ
कोहनी जैसी मोटी एक लकीर
जो
उत्तर को दक्षिण से
पूरब से पश्चिम को
मिलाती थी
और जगह-जगह चिपकी चिप्पियाँ
जो बताती थीं
कि कौन क़िला जीत लिया कौन सा बाक़ी है

वे जिधर भी निकलते
क़िला ही जीतने निकलते
सभी कुछ उनके लिए उतना ही अजनबी
उतना ही शत्रु
उतना ही काम्य होता
जितना कहते हैं कि क़िले वालों के लिए
दूसरे क़िले होते थे
सब्ज़ी का ठेला भी
चाय की गुमटी भी
अमीर का योजनापट्ट भी
ग़रीब का हृदय भी
सब जगह
वे जीत की चिप्पियाँ चिपकाते चलते

रोम-रोम थक जाता
सिर की नसों का ख़ून

घुटनों में जमने लगता
हताशा वापस जड़ों की तरफ़
धकेलने लगती
जहाँ वे उगे थे
तो वे सो जाते

लम्बे गहरे निर्द्वंद्व खर्राटों में गाते हुए
अवचेतन की लिप्साएँ
गन्तव्यहीन ख़्वाबों को दूर ही से खदेड़ते
हिरनों ख़रगोशों चीलों गिद्धों पर
दुलत्तियाँ फेंकते
अधनींद में
बुदबुदाते हुए वे तमाम गालियाँ
जिन्हें वे जागते में भींचे रहते

सुबह उठते
और बड़ी भंगिमाएँ पहनने में
फिर उतनी ही मेहनत करते
वही एक पहरन दरअसल
अब उनके पास था
बदलने के लिए सिर्फ़ नंगई थी
जिसे बहुत क़रीबी लोगों के आगमन पर पहना जाता
जब घर में हमाम की ठंडक और सुकून और
आज़ादी आदि चाहिए होते

फिर अब तक इकट्ठा हुई
सब बड़ी चीज़ों को
थैले में भरने का काम

रात के अँधेरे में आविष्कृत
और भी बड़ी चीज़ों को ढूँढ़ने का
नित्य कर्म

फिर प्रयाण
बड़े फाटक की ओर
जिसके उस तरफ़ पहुँचे
पिछली खेप के छोटू-सब
लगे-लगे अब काफ़ी बड़े हो चुके थे

सबकुछ इसी फाटक के पार था
जो हर चीज़ का निशाना था
धर्म का अधर्म का
कदाचार-सदाचार का
विचार का भी

पर सबसे पहले वह खुलता
अदाकारी पर
क्योंकि वही सिर्फ़ पालतू होती
तब भी
जब
नंगे चाकू जैसी दिखती
और इसे सबसे पहले वे ही साधते
जो अभी कुछ देर पहले
सुबह की सीधी
ख़ाली सड़क पर
एक भारी झोला
पीठ पर बाँध कर निकले हैं

फाटक के सामने
हर हाल में
एक छलाँग की दूरी पर रहते हुए अ-टल
दिन-भर यहीं
वे अपने करतब दिखाएँगे
सारे सबूत अपनी योग्यता के
पात्रता के सभी प्रमाण
धो-धोकर धूप में रखेंगे

और फिर
उधर के बड़े-बड़ों की हिफ़ाज़त में पस्त
पहलवान चौकीदार
आज ही
या और किसी शुभ दिन
फाटक के बीचोबीच रखकर
उन्हें भीतर लतिया देगा

कपड़े झाड़कर
धन्यवाद कहते हुए
वे भीतर की तरफ़ बढ़ेंगे
उसकी तरफ़ मुस्कुराते हुए
और बड़े-वाले क़ायदे से
वहीं का वहीं
उसे माफ़ करते हुए।

पत्र

महोदय,
यहाँ कुल मिलाकर सब ठीक है
लोग सामान्यतः सिर झुकाए नजरें बचाए
आते जाते हैं

शोर-शराबा भी अब उतना नहीं रहा

जिनको नाराज़गी है
चुप रहना सीख रहे हैं

सुखी और उद्दंड लोग
जिनका आपने ख़ास ध्यान रखने को कहा था
प्रसन्न हैं

सुबह उठकर आरती करते हैं

और शाम को वापस आकर भी
कहीं कोई व्यवधान नहीं

लेकिन लोहे के पुल के नीचे
एक खोखल है
उसमें एक मकड़ी जाला बुन रही है
उसके बारे में क्या करना है
मार्गदर्शन करें

आपके उत्तर की प्रतीक्षा में
हम आपके स्वयंसेवक।

एक देश था

एक देश था
जिसे बोलना नहीं आया था

वह कुढ़ता था काँखता था तड़पता था
पर मंच पर खड़े होकर कह नहीं पाता था

एम्बिशन के सामने खड़ा
वह काँपता
थर-थर
और डायस पर पानी पकड़े सूखे मुँह झूलता
महत्वाकांक्षी दर्शकों की ख़ूँख़ार निगाहों की सूलियों पर

फिर उसे एक वक्ता मिला
जिसे उम्मीद की आँखों का भी लिहाज नहीं था
कोई उससे गले मिलता

और वह उसकी हँसी बनाकर बेचने लगता
और देश हँसता

हँसना उसे आख़िरकार आ गया था

बोलने का माहिर जब उसकी छाती पर बैठ
उसके गले से अपने इरादे गाता
तब भी वह हँसता

सदियों की रुकी हुई हँसी
उसे चबा रही थी
और वह हँस रहा था

यही उसका मोक्ष था
जिसे वह अपने दादा के दादा के दादा के
ज़माने से ढूँढ़ रहा था।

रात

आसमान अपनी तमाम इच्छाओं को
धो-पोंछ और
थाल में सजाकर
सृष्टि के सबसे घिनौने जन्तुओं के सामने रख देता

और इस तरह
उसकी अनन्त विशालता
सभी के सामने उजागर होती

लेकिन जिसे देखता सिर्फ़ मैं

पर ख़ामोश रहता

कहता नहीं
कि मैंने सबसे बड़े को

इतना असहाय देखा

कि सब तरफ़ अँधेरा था
और जो उजाला था
वह खिड़कियों के पीछे
तालाबन्द कमरों में क़ैद था

कि अनेक इच्छाएँ थीं
जो माथा पटक-पटककर
मूर्च्छित हो गईं
ठीक मेरे सामने
अँधेरे के बीचोबीच एक मामूली प्रकाश-रेखा
के हाशिये पर

कि कितनी ही चीख़ें थीं
कितनी ही आहें
जो अपनी राह नहीं खोज पाईं
कितने ही क़त्ल
कितने ही ख़ंजर
कितने ही घाव
कितनी ही मौतें
फ़क़त फड़फड़ा कर रह गए

और इसी तरह रात रोज़ आती
और रोज़ जाती थी।

एक दिन

एक दिन हर ख़बर बेमानी हो जाएगी
हर सूचना व्यर्थ

एक दिन
टेलीविज़न से कोई आवाज़ नहीं आएगी
एक दिन सारे अख़बार
कोरे पहुँचेंगे

एक दिन
न पढ़ने वाला कहेगा
कि मुझे पढ़ना है
न सुनने वाला
कहेगा कि बोलो

सभी लोग

सभी कुछ जान चुके होंगे

बीच रात बन्द हो जाएँगे छापेख़ाने
टीवी के दफ़्तर ख़ाली
और पर्दा काला

दर्शक श्रोता पाठक
सभी
अपने घरों में
चुप बैठे होंगे

कुछ भी नहीं बचेगा
जिससे डर लगता हो
हौल उठती हो जिससे दिल में

पूरी धरती सपाट
पेड़ पहाड़ नदी नाले समुद्र सब ग़ायब
हवाएँ शान्त
चिड़ियाएँ ख़ामोश

हैरानी हैरान
और शैतानी निस्तब्ध।

वे

वे सबके काम आते थे

वे मूर्खता का रिज़र्व बैंक थे
बदहवासी और बेवकूफ़ी का
राष्ट्रीय कोष
देश में जो भी सबसे कम हुनर से हो सकता था
वह करने के लिए
उनको ही बुलाया जाता

रतजगों में शोर कराने
कीर्तनों में डांस मचाने
चीख़दार
पीकदार चैनलों की
टी आर पी बढ़ाने
सिरकटे एंकरों के कबन्ध-नृत्य में

ढोल बजाने
उत्तेजक फ़िल्मों के टिकट ख़रीदने
ख़ाली पंडाल भरने
धर्म का राज्य स्थापित करने

वे सब करते
पिताओं, अध्यापकों, गुरुओं
और ग्रंथों ने
उन्हें शक्तिशाली पुरुषों
और रहस्यमय ताक़तों के
पीछे चलना सिखाया था

उनके लिए किताबें भी
अलग ढंग से छपतीं
मोटे अक्षरों में
जो बतातीं कि करना क्या है
यह नहीं कि सोचना क्या है
जो सोचने को कहतीं
या जिनकी छपाई महीन होती
उन्हें वे तुरन्त जला देते
जैसे उन लोगों को
जो उन्हें रुकने और सोचने को कहते

सुबह उन्हें किक मारकर छोड़ दिया जाता
और वे रात देर तक
घुड़ घुड़ घों घों करते
शहर-भर में भागते रहते
उन्हें रोकना मुश्किल ही नहीं

नामुमकिन हो जाता

वे जो कहते वह तो करते ही
पर जो नहीं कहते उसे ज़रूर ही करते
मसलन गाय बचाने जाते तो आदमी मार आते
धर्म पढ़ाने जाते तो घर फूँक आते
त्यौहार मनाने जाते तो दंगे कर आते

पुराने बदरंग जाँघिये
और नए कुर्ते पहनकर
वे झुंड में निकलते
मोबाइल पर तिलक
और लैपटॉप पर माला चढ़ाकर
धरती को डंडों से कोंचते
तलवारें लहराते
वे हर वह काम करने को तैयार मिलते
जिसकी न देश को ज़रूरत हो न दुनिया को

स्थायी कार्यक्रम के तौर पर
उन्हें एक सादा काग़ज़ दिया गया
जिस पर बीचोंबीच
एक मोटी लकीर खिंची थी
उनके मोटे दिमाग़ के हिसाब से
भविष्य का यह नक़्शा ठीक ही था
उनका काम लकीर के
एक तरफ़ कूदते रहना था
जिसमें उनको, ज़ाहिर है,
इतना मज़ा आया

कि वे बाक़ी सब भूल गए

वे अजीब थे
नहीं, शायद बेढंगे
नहीं, डरावने
न, सिर्फ़ अहमक
नहीं, अनपढ़
नही, पैदाइशी हत्यारे
नहीं, भटके हुए थे वे
नहीं, वे बस किसी के शिकार थे
हाँ, शायद किसी के हथियार

पढ़े-लिखे लोगों के लिए
वे पहेली हो गए थे
वे बैठे उन्हें बस देखते रहते
उनकी समझ में न आता
कि वे कब कहाँ और कैसे बने
क्यों हैं कौन हैं क्या हैं!

वह शून्य मेरा

मस्तिष्क ओ!

वह शून्य मेरा
अब मुझे वापस करो।

मिरा वह शून्य
वह सम्पूर्ण सन्नाटा मिरा।

वो मेरा गोल चेहरा।

वो जीवन से भरा एकान्त
मेरा।

दो मुझे वापस।

वो मेरी देह का
मेरी निगाहों से सिंचा भूगोल।

उम्मीदों औ' इरादों से रिहा
मेरा खुला आकाश।

वह सम्पूर्ण मेरा मैं।

मुझे वापस करो।

अब चुप रहो।

मस्तिष्क ओ!

मैं

अकेलेपन से लड़ने के लिए
ज़्यादा ही अकेला
ज़्यादा ही दूर
यहाँ पहुँचने वाली राहों से
ज़्यादा ही असम्भव
सम्भावनाओं के लिए
ज़्यादा ही उजाड़
फूलों, पत्तों, गमलों और मालियों के लिए

बस उनके भालों में बिंधा
जिनके लक्ष्य हैं।

तानेशाह

वह दुनिया में बस उतनी दुनिया चाहता
जितनी उसे समझ आती
और जितनी उसे समझ आती
वह बहुत कम दुनिया होती

वह दुनिया
जिसे मनुष्य ने अपने हाथों से गढ़कर
दुनिया में जोड़ा
उसकी समझ में नहीं अँटती

वे मनुष्य भी नहीं
जो दुनिया में कुछ जोड़ते हैं

वह दुनिया जो फूल पत्तों और बेलों की तरह
पुरानी दुनिया की कोख से उगती है

वह भी उसे रहस्यमय लगती
और वे भी जो उसे दिल खोलकर क़ुबूल करते हैं

दुनिया लगातार बड़ी होती जाती
लम्बी चौड़ी ऊँची और गहरी
और वह रोज़ थोड़ा छोटा

इसलिए ताक़त का आवारा ऊँट
जब उसके पास रुकता
वह सबसे पहले
दुनिया की काट-छाँट करने बैठता।

सिविल कथन

चैन से कोई नहीं सो रहा
तुम वहाँ लड़ रहे हो
हम यहाँ

तुम मौत के सामने
हम यहाँ ज़िन्दगी के

हर सुबह आधी नींद
और जलती आँखों उठते हैं
और पिछले दिन के हारे पैरों से
फिर चल पड़ते हैं
कुछ नया जोड़ने देश में
कुछ नया उगाने बंजर में
कुछ नया बनाने बेकार मलबे से

पुराने लोहे से पत्थरों से काग़ज़ों से
मिट्टी से गारे से टूटी बोतलों ज़ंग खाई स्टील और
फटे कपड़ों से
ऊपरवालों की महत्त्वाकांक्षा और लालच से
बनाने कुछ ऐसा
जिसकी हिफ़ाज़त करते हुए
कोई बहादुर और शानदार लगे

शाम को जब लौटते हैं
तो न पैरों में ताक़त होती है
न सर में फ़रागत
जीने की इच्छा सिरहाने रख बस सो जाते हैं

रोज़ हमें एक नया युद्ध लड़ना होता है
रोज़ एक नए मोर्चे पर घायल होकर हम लौटते हैं
रोज़ एक नया दुश्मन हमारे सामने होता है

हमें यूँ हिकारत से मत देखो, सैनिक!
तुम बहादुर हो तो कायर हम भी नहीं
जिसे तुम बचाते हो
हम उसे बनाते हैं।

हैरान होने वाले

सबसे ज़्यादा हैरान करते हैं हैरान होने वाले
वे तुम्हें देखते हैं और हैरानी के दृश्य में कील दिए जाते हैं
कि हाय कैसे यह बिना बीवी बिना बच्चों वाला आदमी जीता होगा
और क्यों तो भला!

दया से भरकर वे टपकने लगते हैं
उन्हें अपनी रसोई में एक धूसर और बेडौल औरत दिखाई देती है
सदियों से उसी एक रोटी को बेलती हुई और वे तय करते हैं
कि आधी रोटी कल इसके लिए भी लेते आएँगे

तुम उन्हें पीछे से देखते हो
और अपने नितम्बों के लिए अफ़सोस करते हो
जो इतने सुडौल कभी नहीं हो पाए
जबकि ईश्वर से यही तो तुमने माँगा था

तुम उन युद्धों को याद करते हो
जिन्हें वे तुम्हें बिना बताए
तुमसे लड़कर जीत भी गए
और तुम्हें कई दिन बाद किसी और से पता चला

वे अपनी दुनिया के भारी विषधर होते हैं
उन्हें चश्मे दिए गए हैं
हलके-फुल्के सीधे सादे सरल सुसुन्दर
और सुनने के ऐसे ही बढ़िया-बढ़िया आले

लेकिन जो उनकी परिधि से परे है
वह है तुम्हारा आते-जाते रहना
बीच-बीच में तुम्हारा छीजना छीजते चले जाना
और फिर एक दिन वापस बनने लगना
इससे वे फिर हैरान होते हैं
कि जब इसके पास कुछ भी नहीं
यह इतने सुन्दर ढंग से कैसे जीता है
और भला क्यों!

हँसी

हँसी ही रह गई थी बाक़ी
सुबह उठकर सबसे पहले हम हँसते थे
फिर नाश्ते के वक़्त
फिर हर एक घंटे
हर दो घंटे
हर पन्द्रह मिनट
हर पैंतालीस मिनट के बाद

सबका अपना शेड्यूल था
कुछ शेड्यूल सामान्य थे
जो सबके लिए एक ही समय
एक ही दिन तय थे
उस समय पूरा मुल्क एक साथ हँसता था

हँसी के पक्ष में

एक दार्शनिक तैयारी हर समय चलती रहती
हर तरह के लोग जिसमें लगे थे
कुछ के लिए वह काम हो गई थी
कुछ के लिए मुक्ति
कुछ के लिए व्यसन

बड़ी-बड़ी कम्पनियाँ उसमें निवेश कर रही थीं
बड़े-बड़े लोगों ने ख़ुद को सिर्फ़ हँसी के लिए
सब जगह से मुक्त कर छोड़ा था
बहुत सारे लोग सिर्फ़ हँस और हँसाकर बड़े हो गए थे

दिन-भर हम अपने घरों में टहलते
इधर-उधर टकराते चुटकुले बनाते

चुटकुलों की होड़ मची थी
बस वही एक कला अन्त में बची थी
हर कोई हर किसी से अच्छा चुटकला बनाना चाहता था

हर चीज़ चुटकुला थी
राजनीति, समाज, हत्यारे, बीवियाँ, प्रेमिकाएँ,
प्रधानमंत्री, मुख्यमंत्री और ख़ुद हम भी

हँसी ने हमें महामारी की तरह घेर लिया था
जो भी आता, वह यही कहता कि हँसना चाहिए
जो भी जाता वह हँसता हुआ आने के बाद हँसता हुआ ही जाता

हम इतना हँसते और इतना हँसना चाहते
कि हँसते-हँसते हमारी हँसी ख़त्म हो जाती

और हम खुले मुँह बस हवा छोड़ते रहते

हर तरफ़ से निराश होकर
हमने हँसते-हँसते चले जाना तय कर लिया था।

नफ़रत

दुनिया के सब
बुरे लोग
इकट्ठे हों

और मुझसे मेरी सबसे
अच्छी चीज़
छीन कर
माँगकर
जीतकर
चुराकर
या उस तरह
जिस तरह
मैं उसे रख नहीं पाया
ले जाएँ
और जाकर जीत का जश्न भी मनाएँ

और में उन्हें नाचते हुए देखूँ
और एक आँसू ख़र्च न करूँ

इसके अलावा
मुझे ये कहने का कोई तरीक़ा
नही आता

कि मुझे तुमसे नफ़रत है।

वे झूठ बोलेंगे

वे झूठ बोलेंगे
वे चीख़कर झूठ बोलेंगे
वे लगातार चीख़-चीख़ कर
लगातार झूठ बोलेंगे

तुम सच कहने के लिए हकलाओगे
बेबस महसूस करोगे
और हैरान होकर चुप हो जाओगे

तुम समझ नहीं पाओगे
कि इस तरह लगातार
चीख़-चीख़ कर
कोई झूठ कैसे बोल सकता है

पर तुम हारोगे नहीं

हारेंगे वे
क्योंकि उनका सब कुछ झूठ है।
उनका चीख़ना भी झूठ है
अपने झूठ पर उनका भरोसा भी झूठ है

अपने झूठ को सच साबित करने के लिए
वे बन्दूक़ चलाएँगे
लेकिन फिर भी हारेंगे

वे झूठे नारे लगाएँगे
और सच्चे सैनिकों का खोखला अभिनय करते हुए
सच के दुर्बल वीरों पर लोहे की लाठियाँ लेकर टूट पड़ेंगे
लेकिन फिर भी हारेंगे

वे अपनी आनुवंशिक कुंठाओं का मुकुट
सिर गें खोंसकर
सच की वीरांगनाओं के पवित्र कोनों को
नेस्तनाबूद कर देंगे
लेकिन फिर भी हारेंगे

वे नकाब पहनकर आएँगे
और खुले आसमान तले
निहत्थे खड़े सच की तरफ़
अपनी गली हुई आत्मा के बदबूदार चिथड़े फेंकेंगे
पेट्रोल में भिगोकर
माचिस की तीली दिखाकर
लेकिन फिर भी हारेंगे

वे सब तरफ़ फैला देंगे
कि वे जीत गए
लेकिन फिर भी हारेंगे

जीतेंगे हम ही
क्योंकि हम सच हैं
हमारी बेबसी भी सच है
हमारी हैरानी भी सच है
हमारा छटपटाकर चुप हो जाना भी सच है
हमारी चोट से फूटा आर्तनाद भी सच है
हमारे घाव से निकला लहू भी सच है
हमारी आँख से टपका आँसू भी सच है
हमारे माथे से निकली लपट भी सच है
हमारा हार जाना भी सच है

और हारकर जीतने के लिए
वापस खड़े होना भी सच है।

तुम्हारा जन्मदिन

(सबा के लिए)

तुम जीवन की साकार प्रेरणा हो
मन का सचल, सदेह, सर्वांग सकार

पारदर्शी जल सुख में
चट्टान-सी अबूझ पीड़ा में

उखड़े पैरों के लिए धरती
प्राणवायु उन्हें जो जीवन को हार रहे हों
उन सभी की तुम जिन्हें ज़रूरत है

तुम्हारे लिए पृथ्वी
खिलखिलाते बच्चों
और लहलहाते पेड़ों से भरा
एक आँगन है

और जीवन सतत स्वच्छ एक नदी

जिसमें अपने थके पाँव डाले अकेली तुम
संसार की हिंस्त्र प्रतिध्वनियों को
अपने छोटे कानों की नरम लवों पर रोके
अपनी सुडौल ठुड्डी पर बेचैन क्षितिज को थामे
तितली-सी अधमुँदी आँखों की पलकों पर
गिरने-गिरने को आकुल आकाश को सँभाले
पंखुड़ी-से होठों भीतर
मूर्तियों-से सुगढ़ गले में थमी
एक लम्बी, कड़वी, काली चीख़ के घुलने की प्रतीक्षा में
मुँह ऊपर उठाए बैठी हो
शान्त...

मछलियों के बच्चे
तुम्हारे तलुओं की थकान चुग रहे हैं
पत्थरों के बच्चे
तुम्हारी ऐड़ी सहला रहे हैं
पुरानी मैली जीन्स
तुम्हारे दुखते घुटने पकड़े बैठी है
घास के बच्चे
तुम्हारी नंगी कसी पिंडलियों को चूम रहे हैं
पेड़ों के बच्चे
अपनी हरी उँगलियाँ
तुम्हारे बालों में फिरा रहे हैं
तुम्हारा भारी पिट्ठू बैग
तुम्हारी पीठ दबा रहा है
तुम्हारा छोटा-सा टिफिन
तुम्हारे लिए कौर उठाए बैठा है

और हम सब
जो तुमसे कुछ कम मनुष्य हैं   कुछ कम जीवित
तुम्हारी प्राकृतिक सम्पूर्णता से बेदख़ल
बस तुम्हारा मुँह ताक रहे हैं
और तुम्हारे हमेशा जीते रहने की कामना कर रहे हैं
मैं भी उनमें एक हूँ
जन्मदिन मुबारक...

कि हल्का नीला हल्का सफ़ेद
वह सपना यहीं उतरेगा
सब चरिंद सब परिन्द सब जीवित सब अजीवित जिसे एक साथ देखेंगे
यहीं तुम्हारे आसपास ही

हमेशा जीती रहो।

हैप्पी वेलेंटाइंस डे

राष्ट्रीय अवसाद के इन दिनों में
तुम्हें प्यार भेज रहा हूँ

और साथ में
अपनी बेचैनियाँ
आशंकाएँ
सारे डर
सारे दुस्वप्न
और हिम्मतें।

रात के तीसरे पहर
हड़बड़ाकर उठ बैठता हूँ
छाती में उतरते उस काले ख़्वाब से ख़ौफ़ज़दा

हिला-हिलाकर बाहर खींचता हूँ सीने से

ख़ौफ़ को जैसे वह भाला हो
खुरच खुरच कर निकालता हूँ
आँखों में जमे काले सूखे नमकीन थक्के आँसुओं के
और चीख़-चीख़ कर कहता हूँ ख़ुद से
कि नहीं नहीं नहीं तुम नहीं जाओगी डिटेंशन कैम्प
कोई नहीं जाएगा

हम लड़कर हरा देंगे उन्हें
हमारे विलाप बहा देंगे उनके नक़्शों को
हमारी चीख़ें ढहा देंगी उनकी दीवारों को
जिन्हें वे चुपके-चुपके चिन रहे हैं

बैठे गले से रात-रात भर इक़बाल मैदान में
पहरा देती तुम्हारी रेशम-सी नरम और मज़बूत हुंकार
लौटा देगी वहशियों को
दरिंदों को
काले सपने कातने वाले दिमाग़ों को

वापस चले जाएँगे वे
जो आ रहे हैं तरह-तरह के बहाने पहने
अपनी क्षुद्र लिप्साओं पर
जो रोप रहे हैं ज़हरीली बेलें मासूम दिलों में
अपनी गिनती बढ़ाने के लिए
काली रूहें वे लौट जाएँगी अपनी खोहों में

कोई नहीं जाएगा डिटेंशन कैम्प
तुम भी यहीं रहोगी
मैं भी

हमारा प्यार भी
हम सब यहीं रहेंगे
अपने इसी मुल्क में।

साहित्यिक निगाह

वह करुणा से देखता है
वृद्धों, बच्चों, स्त्रियों और पशुओं को
फ़ोटोजे़निक करुणा से छलछलाकर
करता है उनसे संवाद अभिभावक की तरह
और निमिष-भर अनुपस्थित हो
पलट आता है साहित्येतिहास, देख आता है
कि सही तो है बड़े लेखकों वाली भंगिमा
इसी तरह बड़े होकर
जब वे गए थे गाँव
और वहाँ खड़े होकर देखी थी उन्होंने एक वृद्धा

वह पूछता है उनसे
कुछ पूछे हुए प्रश्न फिर अपनी तरफ़ से
शिक्षित-जनोचित ऊँचाई से
चिह्नित करते हुए अपढ़ता की खुरदुरी सीमाएँ

बताते हुए उन्हें तरह-तरह से कि वह उनसे अलग है
और छिपाते हुए तरह-तरह से कि वह उनसे अलग नहीं है

खिंचवाता है एक फ़ोटो
चेहरे को एकदम उनके नज़दीक लाकर
सोचते हुए कि किस तरह बनेगी
इस पर एक कविता
और एक यात्रा-वृत्त

फ़ोटो तो चलो हो ही गया।

शान्ति वार्ता

और अन्त में हमने इंसानियत का हवाला दिया
हमें यक़ीन था वह निरुत्तर हो जाएगा
लेकिन वह ठठाकर हँसा
यह उसके लिए सबसे कमज़ोर तर्क निकला
सबसे हास्यास्पद।

हमने बहुत अरमान से उसे तानाशाह कहा
कि उसकी आँख नीची होगी
पर उसकी छाती फूल गई
यह उसके लिए उपाधि थी।

हमने चिल्लाकर कहा हत्यारे हो तुम
वह गर्व से मुस्कुराया
जैसे कि हमने उसकी तारीफ़ की हो।

हमने कहा
कि तुम वक़्त में पीछे की तरफ़ जा रहे हो
तुम्हारा मुँह उल्टी दिशा में है
तुम कहीं नहीं पहुँचोगे

उसने कहा मेरे साथ सब हैं
मुझे फ़र्क़ नहीं पड़ता।

तुम्हारे पास से आकर

एक भारी लम्बी अजगर साँस
एक बड़ा आँसू

छाती की खोखल में
धड़-धड़ धड़कता
एक तुम्हारा न होना

एक कहीं नहीं पहुँची हुई चीख़
लाल से नीला
और फिर काला होता एक चुम्बन
देहभाषा बनता एक अभाव

दूर तक फैली
जंगल होती एक बाँह
तुम्हें छूने को भटकतीं

भीड़ में थपेड़े खातीं
दो सूनी हथेलियाँ

तुम्हारे पास से लौटकर
कुछ ऐसा एक मैं
शहर से दूर लावारिस उजाड़ में
ऊँचे हिलती एक पताका।

शान्त

बस हूँ
उम्मीदों से, आकांक्षाओं से, सपनों से
शिकायतों से बाहर।

तुमसे बात करने की मेरी इच्छा
तड़प-तड़प कर मर गई
तुमने जिन अपराधों की सज़ा मुझे दी
उनमें से एक भी मैंने नहीं किया

पर अन्ततः मैंने
स्वीकार कर लिया है
और अब मुझे लग रहा है
कि कहीं तो मैं पहुँच गया हूँ।

कि यहाँ एक दीवार है

जिससे पीठ टिकाकर
मैं बैठ सकता हूँ
सोच सकता हूँ
या नहीं सोच सकता हूँ।

शायद यहाँ मुझे पता है
या मुझे लगता है
कि मुझे पता है
कि मेरा हाथ कहाँ तक जाता है
और पैर कहाँ तक
और यह कि उन्हें पकड़ने वाला
कोई नहीं है
और मुझे ख़ुद ही उन्हें उठाकर
चलना होगा
जब चलना होगा।

मैं फिर एक नवजात बच्चे की तरह
बैठा हूँ
उसी पुरानी दुनिया को
तुम्हारे 'न-होने' की आँखों से
पहचानता हुआ।

तुम्हारा जाना

मुझसे दूर जाने के
जब तुम्हारे पास सौ कारण होंगे
मेरे पास तब भी
सिर्फ़ एक होगा—
तुम्हारा दूर जाना।

तुम एक ऐसी अनुपस्थिति हो
जो हर कहीं उपस्थित है।

तुम्हारे लिए रोज़ दस दरवाज़े
खुलते हैं
और मैं रोज दो बन्द करता हूँ
ताकि सीधे तुम तक पहुँच सकूँ
लेकिन पहुँच नहीं पाता।

जो तुम कह नहीं पातीं
और जो तुम कहती नहीं
आजकल वही मुझे बना रहा है।

तुम मेरी धुरी हो
जिसके इर्द-गिर्द मैं
अपनी अनन्त कक्षा में घूमता हूँ

इसमें न कोई पगडंडी
तुम तक पहुँचती है
और न कहीं और जाती है।

वह कोई विस्फोट होगा
या कोई मौन विलयन
कि सब रसायन मिल जाएँगे
और कोई नई राह बन जाएगी।

सुख

वह तुम्हारे भीतर है
उम्मीद, इच्छा और आकांक्षा की
कँटीली चौहद्दी के बाद
वह अनन्त तक खुला पड़ा है
मौन और शान्त।

तुम यहाँ एक पेड़ लगा सकते हो
या एक तालाब बना सकते हो
और उसके किनारे फिर एक पेड़
और एक झोंपड़ी।

किसी भी समय उठकर
तुम किधर भी जा सकते हो
वहाँ कोई और नहीं है
दूसरा

या तीसरा
वे सब बाहर हैं
अपनी किजबिज में
अपनी धूल में अपने और दूसरों के
ख़ून में
लिथड़े
एक दूसरे को कोंचते रौंदते
चीख़ते   चींथते
माँगते   देते   छीनते

शोर सिरजते   तलवारें चमकाते
झंडे गाड़-गाड़ बताते कि
उनकी हदें कहाँ हैं

कर लेने दो उन्हें

वे रास्ते में हैं
उन्हें वक़्त दो
एक दिन वे पहुँच जाएँगे
क्षत-विक्षत
उसी तरह जैसे तुम आए थे।

बीड़ी

बीड़ी दु:ख का धुआँ है
और सिगरेट सुख का
यह जानने के लिए उनकी क़ीमत जानना ज़रूरी नहीं
यह सच है।

कुछ बाहर से सुखी
लेकिन अन्दर से दुखी लोग
हो सकता है
कि सिगरेट का इस्तेमाल बीड़ी की तरह करते हों
पर रहती फिर भी वह सिगरेट ही है
जो सिर के पिछले हिस्से को उजाला देती है

बीड़ी तुम्हें सामने से उठाकर
तुम्हारे पीछे ले जाती है
लगातार सँकरी होती

भय की एक चाहरदीवारी में
जहाँ तुम सतत सिकुड़ने के लिए बैठ जाते हो

यही वह जगह है जहाँ वे मजूरों, क्लर्कों, चपरासियों और
ग़रीबों की तलाश में
आते हैं
जिनकी ज़रूरत हर जगह रहती है

बीड़ी उन्हें संसार के
सबसे कमज़ोर टाँगों वाले आदमी
तैयार करके देती है
जो दुनिया की इधर और उधर से
बिला नागा मरम्मत करते रहते हैं
और अपनी ताक़त को
गुद्दी के ऊपर
सिर की खोखल में
बूँद-बूँद गोंद की तरह टपकते
देखते रहते हैं

वे थकते नहीं
अपनी मुर्दा इच्छाओं को सोखकर
वे बार-बार
काम पर आ जाते हैं।

बस दुःख

बस दुख के साथ रहो, दुःख!
कि बस वही
तुम्हारे साथ है

उसकी हथेली पर
बैठे हुए
चलते हुए
पूरे दिखते हो तुम।

गोल। मनोयोग से बाँधी हुई गठरी जैसे
सहेजे हुए। सँवारे हुए। रहस्यमय। सुन्दर। सम्पूर्ण।

वह तुम्हें अकेला नहीं जाने देता
इच्छा की रौंदी हुई
तुम्हारी गृहस्थी में।

तुम जब पुकारते हो

वह आता है
हर बात का जवाब
वह देता है
किसी भी वक़्त तुम उसे कह सकते हो
कि आओ मार डालो मुझे।

वह ख़ुद से प्यार नहीं करता
उसकी छाती से लगकर
तुम रो सकते हो
उसकी जाँघों पर सर रखकर
तुम सो सकते हो

वह तुम्हारे झुलसे बालों में
बारिश करेगा
वह तुम्हें रोने की जगह देगा।

उसकी गोद से खींच कर
कोई तुम्हें ले नहीं जाएगा
न सपना
और न ही लालसा।

न उसके फेरे पड़े हैं किसी से
न उसका
कोई अतीत है
जो झाँकता बैठा रहे मुँडेर पर
न कोई भविष्य।

वह यहीं है। अभी है। तुम्हारे साथ है।

दुःख-1

आखिर में बस तुम हो
मैं तुम्हारे लिए ही आ रहा हूँ
सारे हरे मैदानों में
एक-एक रात सोते हुए

वहीं रुकना
वहाँ से आगे नहीं चला जाएगा मुझसे।

दुःख-2

वह भीतर कहीं बो दिया होगा
बहुत पहले कभी
और सींचा नहीं गया होगा
इसलिए पानी-पानी पुकारता रहता है

दुःख का वह काला बीज।

दुःख-3

जब तुम अपने भीतर नहीं होते
बाहर जाने क्या क्या
तुम्हें घेरने लगता है

तुम अपनी धुरी ढूँढ़ नहीं पाते
अपना केन्द्र
अपनी कील

दुःख भी अपना
तुम्हारे हाथ से छिटक जाता है।

दुःख-4

मुझे पता है
दुःख ने हर लिया है
मुझे तुमसे
और तुमसे मुझे

अब दुःख को क्या कहें
चलो उसी के साथ रहें।

बोलना

मुझे
वहाँ ले चलो
जहाँ लोग
चीख़ रहे हों
रो रहे हों
गा रहे हों
नाच रहे हों
गिर रहे हों

बोलने का क्या

बोलता तो वो भी है
जो झूठ बोलता है।

वे आते थे और चले जाते थे

मैं ही था जो बैठा रहता था
वे आते थे
और चले जाते थे

उनके पास रास्ते थे
उन्हें मालूम था
वे जानते थे

उन्हें बताया गया था
उन्हें कहा गया था
एक उद्‌देश्य था जो उन्हें दिया गया था

वे जहाँ से चलते थे वहाँ कोई रहता था
वहाँ भी जहाँ उन्हें जाना होता था

वे भटकते नहीं थे
न फैलते थे
न पिघलते थे

ख़ुशी उन्हें बहुत सफ़ाई से लिखी
एक चिट्ठी की तरह मिलती थी
और परेशानी भी
जिसे वे पढ़, समझ
और समझा सकते थे

वे रुकते नहीं थे
जब मुझे लगता कि वे मेरे पास हैं
तब भी वे चलते रहते थे
भीतर ही भीतर

और फिर किसी दिन
उठकर
सचमुच में चलते हुए
वे चले जाते थे।

ख़त्म-शुद

मरो। गिरो। यह आख़िरी चक्कर।

मांस के   रक्त के   होश के
चुग्गे दे-दे कर
पाला   जिसे भीतर

लम्बी उस चोंच को
आने दो।

छितराए वह तुम्हें
गली में खड़ंजे पर

चलें जहाँ पर लोग
विहँसते
गाते
बकते

रोते
कच-कच करते जूते

तुम नीचे
उनके।

अवरोह

पहले आप एक देश चुनते हैं

नहीं सबसे पहले एक दुनिया
जहाँ पानी होता है
पेड़ होते हैं
दिन में धूप आती है
और रात में चाँद

उसके बाद देश
जो पूरी दुनिया में सबसे अच्छा होता है
सबसे पूरा
सबसे सुन्दर
नदियों झीलों पहाड़ों और सुन्दर लोगों से भरा हुआ

फिर एक प्रान्तर

अपनी भाषा अपनी बोली का अपना लोक
अपने जैसे कुर्तों और पजामों का जाना-पहचाना देस

फिर एक जिला
फिर अपना गाँव
फिर अपना मोहल्ला
फिर अपनी गली
फिर अपना घर
फिर अपना परिवार
फिर तुम

और यहाँ सब ख़त्म हो जाता है
बस एक तुम रहते हो
ख़ून सनी अपनी चोंच को खोले
सतर्क
चौकस
हमले को तैयार।

खेल

यह दरअसल वही खेल था जो हर खेल के पीछे था

सिर्फ़ लालसाओं को व्यवस्थित करने
और समाज को कारआमद बनाने
और इसके लिए देश, मर जाने-मिट जाने की कामना और लोकसभा-विधानसभा के चुनाव खेलने आदि का निर्माण करने भर का प्रश्न नहीं था यह

यह सब दोयम था
बाद में आने वाला
जिस तरह और भी अनेक चीज़ें अनेक बातें
हज़ार किताबें लाखों सिद्धान्त रोज़ के बलात्कार
हत्याएँ शौक़ नशे आदि-आदि

इनमें से कुछ न भी होता तो चल जाता

इनमें से कुछ या सब कुछ किसी और तरह से होता
तो भी चल जाता

नेता पतलून में भी चल सकता था
हत्याओं के लिए हज़ार विकल्प थे ही
पुरुष चाहते तो वे औरतों की तरह रह सकते थे
बाप-बेटी भाई बहन की तरह
और भाई बहन पति-पत्नी की तरह

सड़क की जगह अगर साधन हों तो नदी बहाई—
और बस की जगह नाव चलाई जा सकती थी
घरों की जगह झोंपड़ियों के पक्ष में अन्तर्राष्ट्रीय आन्दोलन चला सकते थे
अमेरिका के बीचोबीच बैठ कोई हवन करने लग सकता था

कुछ भी हो सकता था
लेकिन वह खेल
नहीं बदल सकता था

जिसके लिए उन्होंने बाईस साल तपस्या की
जिसके लिए उनके पिताओं ने सपने देखे
जिसके अखाड़े में आकर वे बिलख पड़े
जैसे उस हर कुछ को रो रहे हों जो उन्हें मिला
और जिसे देकर समझ लिया गया था कि
सब कुछ दे दिया

इसी तरह खेला जाता था यह खेल
जिसके लिए उन्होंने सबकुछ जाना
कि किसने किस ईस्वी सदी में कितना ख़ून बहाया

कि किसने धर्मों का सूत्रपात किया कि मनुष्यता कम पड़ गई थी
कि किसने चुनाव जीता
किसने सीमाओं को सबसे पहले सोचा जब वे नहीं थीं
किसने फ़िल्म को जीवन से बेहतर बनाया
किसने जीवन को बेहतर करने के लिए ख़ुद को फ़िल्म बना दिया

कौन दौड़ा कौन गिरा किसने चिड़िया मारी किसने शेर
किसने कुछ भी नहीं किया बस सिक्के ढाले
और किसने बस तारीख़ों को याद रखा
और हॉट सीट पर बैठ कर उन्हें सबसे दिलचस्प ढंग से बताया
जब सब चीज़ों को परे हटाकर सीधे-सीधे पूछा गया
कि कौन बनेगा करोड़पति!

वे-2

उन्हें वह मार्ग शुरू से पता था
उनके पुरखे वहीं से बार-बार गए थे
और जाकर फिर अपनी यात्राओं के वृत्तांत भी छोड़े थे
मय नक़्शों के
वे जानते थे कि कहाँ झुकना है, कहाँ सीधे खड़े होकर चलना है
कहाँ चुप रहना है जैसे अकस्मात् और कहाँ बोलना है
कि जैसे संकल्प यही हो

वे अपने सन्नाटों में खो नहीं जाते थे
वे उनके सरों में सुरंग नहीं बनाते थे
वे उन्हें देख पाते थे कि जैसे दुनिया ने कुछ चुनौती की तरह
उनके सामने रखा हो और वे उससे साबुत निकल आते थे
वे शिक्षित थे, सवर्ण थे, सुबद्ध-सुपुष्ट और सार्थक
वे ख़ुद को कह पाते थे
कि वे फालतू नहीं हैं

वे हर ग़रीब, हर मजलूम, हर दुर्बल के कंधे से
कंधा मिलाकर खड़े होते थे
और इस तरह भीड़ के धक्के खाकर
अपनी लिखित और मौखिक परीक्षाओं के लिए
ज़रूरी आत्मविश्वास अर्जित करते थे

उन्हें पता था
कि कब ग़ायब हो जाना है प्रतिस्पर्द्धी मित्रों को इशारा करके
और कब वापस आ जाना है मोर्चे पर
नए कपड़े पहनकर

वे हर जुलूस में शामिल होते
ढूँढ़-ढूँढ़कर विरोध-पत्रों पर हस्ताक्षर करते
पर जेल जाने से हर बार
रह जाते
हर जालिम रात के बाद
सुबह अपने दफ़्तरों में वे वहीं बैठे मिलते
कभी ग़ुस्सा करते, कभी हँसते
कभी कहते हुए कोई भीषण रचनात्मक बात
अनहोनी से कभी-कभी काँपते हुए भीतर-भीतर
करते हुए अपने रोज़मर्रा के काम।

एक और

एक और
जो मेरे बाद हो
मेरे अलावा
मेरे साथ

वे जब गिनती करने निकलें
या गिन-गिन कर मारने
या मार-मार कर दर्ज करने

उन्हें मैं अकेला न मिलूँ

एक और
वह हो
मेरे और उनके बीच

नीले ज़हरीले समन्दर में कूदने से पहले
जिसे मुझे लाँघना पड़े
जिसे मुझे बताना पड़े कम से कम
अगर पूछना नहीं हो
कि मैं
जा रहा हूँ मरने

कोई एक और
जो 'हाँ' कह दे जब वे पुकारें
कह दे उन्हें बाद में आने को।

पहिये

1

हर दस कदम पर एक गली थी
हर गली से मुझे निशाना साधकर एक मोटरसाइकिल आती थी
में बीस मोटरसाइकिलों से बचकर वहाँ पहुँचा
जहाँ मेरे लिए उन्होंने निराशा रखी थी

लौटते हुए मैं खड़ी हुई कारों की एक उलझी हुई क़तार का सहारा
लेते हुए आ रहा था
दर्जन-भर आकारों के पहियों की सैकड़ों तरह की होड़ से
बचते हुए

जब एक मोटरसाइकिल सबको पीछे छोड़ते हुए सबसे तेज़ होती हुई
पीछे से आई
और सबसे आगे जाती हुई ओझल हो गई

उसके पीछे एक आदमी भागता हुआ आ रहा था
पकड़ो पकड़ो उस बाइक वाले को पकड़ो कहता हुआ हाँफता हुआ

और उसके पीछे बुर्के को सँभालती भागती आती एक लड़की
रुक-रुक कर चीख़ते हुए
पब्लिक प्लेस में ज़ोर से नहीं बोलने की अभ्यस्त

उसकी आवाज़ में लेकिन व्यथा थी
वे लोग जिनकी मोटरसाइकिल सबको पीछे छोड़कर निकल गई थी
उसका मोबाइल झपटकर अपने पहियों पर उड़ गए थे

वह अपने ही मुहल्ले में लूट लिए जाने से अचम्भित थी
और फ़ौरन ही निराश होकर रोने लगी
यह सब इतना आम था कि उसे मालूम था
अब किसी चीज़ का कोई फ़ायदा नहीं

सब तरफ़ से मोटरसाइकिलें आ रही थीं
बस हम तीन पैदल थे
मैं वह लड़की और वह जो दौड़ कर चोरों का पीछा कर रहा था।

2

चलना जिससे भी अपेक्षित था
उसे पहियों की तरह चलना था
और जो चलना चाहता था
उसे भी पहियों की तरह चलना अच्छा लगता था

पहिये इस दुनिया की टाँगें थीं
लेकिन
उन्हें वह दुनिया नहीं चाहिए थी
जिसमें नितम्बों का अनन्त
आख़िरी चीज़ थी
जहाँ मनुष्य का आरम्भ अभी भी बाक़ी था
अभी भी अधूरा

जिसे पहियों ने स्थगित किया था।

3

उनसे डर लगता था
वे बहुत दूर से बताते थे कि हम आ रहे हैं
और जब तक हम सोचते कि
मनुष्य होने के नाते हमें कितनी तेज़ी से चलकर
बच जाना है

वे आ जाते थे।

4

जो पहियों के मालिक थे
वे उन्हें जैसे चाहे वैसे चलाते थे

धरती पर अब सिर्फ़ टायरों के निशान थे

एक दूसरे को काटते हुए
एक दूसरे से आगे निकलते हुए
एक दूसरे को रोकते हुए

और शोर सिर्फ़ इंजन का
घर्र घर्र घू घू सर्र सर्र
भुड़म भुड़म
और गंध
बस धुएँ की।

5

उनके बारे में ठीक से सोचा नहीं जा रहा था
वे सोचने नहीं देते थे

उन्होंने रफ़्तार को जीने का ढंग बना दिया था

वे पैरों की तरह नहीं चलते थे
उन्हें चलाना एक काम था

काम करते हुए हम सोचते नहीं थे।

ग़ज़ल

1

तिरा ये जल्वः मेरी ज़िन्दगी नहीं होगा।
मुझे जो दर्द है तुझको कभी नहीं होगा।

मैं डूबता हूँ तो कश्ती को तोड़ देता हूँ
तुझे ये हौसला-ए-ख़ुदकशी नहीं होगा।

मैं अपनी ज़ात में तनहा था और तनहा हूँ
वुजूदे-हक़ तिरे लब की दुई नहीं होगा।

मुझे फिरा दो मिरी नाउमीदी मेरा सुकूँ
जी मुझसे कारोबारे-आशिक़ी नहीं होगा।

मिरा तो हुस्ने-हुनर जोरे-ग़म से दो-बाला
तिरा जुनून फ़तह तुझसे ही नहीं होगा।

वो तेरा खेल मुकम्मल ये मेरा खेल शुरू
रहे-तलब में कहीं आख़िरी नहीं होगा।

ये जिन्से-अक्ल के सौदागरों ने क्या बोला,
ग़मे-फ़िराक़ दुकानों पे भी नहीं होगा!

2

मानिंद-ए-खाक़ हूँ मैं तुझे सोचता हुआ
आये है हर ख़याल मुझे रौंदता हुआ

हर हाल एक ज़ख़्म बदन पर खुला हुआ,
इक ऐसा ज़माना था लहू से बुझा हुआ।

कुछ तो हूँ मैं कि ग़म के इन्तिख़ाब में रहा
कुछ ख़ास, फ़लक़ जाए जिसे घूरता हुआ।

मुझसे न कह कि ख़ुश रहूँ, ये उनका खेल है,
मर ही रहूँगा उनकी तरह खेलता हुआ।

कुछ और सा वज़न मिला मुझको जो तू मिली,
रखता हूँ हर क़दम ज़मीं को तौलता हुआ।

हर बार मुहब्बत ने सिखाया मुझे कुछ-कुछ,
तब जाके मैं इंसान बना, पारसा हुआ।

3

चलो चलें कि अब ना आयेगा यहाँ कोई।
उठो कि ढूँढ़ लें अब दूसरा जहाँ कोई।

हरेक छत पे इक दीवार फिर उसपे भी छत
यहाँ पे ला नहीं पाओगे आसमाँ कोई।

न देखते हैं न सुनते हैं न समझते हैं,
कैसे पहुँचेगा यहाँ चलके बेजुबाँ कोई।

हुई थी वक़्त-ए-जिबह ख़ंजरों के बीच बहस,
हमारे दर्द से था एक परेशाँ कोई।

बशर्ते वो भी कहीं आसपास रहती हो,
बशर्ते आए न दीवार दरमियाँ कोई।

4

चाहे जितनी बार बुहारूँ लेकिन फिर भी रहती है।
मेरे कमरे में हरदम काग़ज़ की तितली रहती है।

ख़ामोशी के नर्म बिछौने पर चुप सोया रहता हूँ,
पास मिरे इक नन्हीं चिड़िया दाना चुगती रहती है।

मैंने रोज़ ठिकाने बदले आख़िर को यह मान लिया,
ये खिड़की तो भीतर है जो बाहर खुलती रहती है।

ख़ाक यहाँ पर, ख़ून वहाँ पर, धुआँ जहाँ भी देखो वाँ
इधर मौत को देखा? कैसी बदहवास सी रहती है!

बेघर हूँ बेकुनबा हूँ, आवारा फिरता रहता हूँ,
लेकिन मेरे साथ सदा इक सुन्दर लड़की रहती है।

5

मैं अपनी ख़ाक-ओ-खू में एक अपने जैसा हूँ।
पड़ूँ तो ज़र्रा हूँ, उड़ जाऊँ तो परिंदा हूँ।

न ख़ाब बोये न ख़ुशियों की खेतियाँ काटीं,
चमन ख़ुदा का है मैं उसका चमनपैरा हूँ।

मिली थी जैसी क़बा पाक-साफ़ रखी है,
अगर यः चाहिए तुझको तो ले, मैं देता हूँ।

मुझे जो चाहिए वो इससे जरा बेहतर है,
चमकने को तो बरहना भी मैं चमकता हूँ।

जरा बड़े से लगो, कुछ बड़ी सी बात कहो,
न हासिलों का हूँ मैं और ना हौसलों का हूँ।

न पूछ कुछ भी मिरे हाल पे रहम भी कर,
जरा सी देर को निकली है धूप बैठा हूँ।

ये सारे खेल तमाशे ये जश्न ख़ुशियों के
मुझे पता तो चले इनके बीच मैं क्या हूँ।

6

ठीक है ग़र आपको, हर बाम चर्चा चाहिए।
अक्लमंदों के लिए, पै कुछ तो रखना चाहिए।

मुफ़्त पर्वाज़े-तख़य्युल, मौसमे-गुल मस्त है,
इक क्लासिक आज याँ पे और गिरना चाहिए।

हो गई सत्तर किताबें, साठ तमग़े हो चुके,
अब कहीं पे जाके तुमको डूब मरना चाहिए।

एक लाइन भी न वो लिक्खेंगे, अब तो आपको,
रात को शायर, सुबह नक़्क़ाद होना चाहिए।

ऐसा लिखना चाहिए और वैसा लिखना चाहिए,
नक़्क़ाद साहिब, तुमको आरएसएस में होना चाहिए।

नज़्म

दुकान

य' हवेली के दालान में खुल गई
चौक पर आन की आन में खुल गई
शह्र में जब न बाक़ी रहा कोई घर
वो उठी, जाके श्मशान में खुल गई

जिसे भी देखिए खोले दुकान बैठा है
चटाई डाल के हर ख़ानदान बैठा है
कहीं रोटी, कहीं पानी, कहीं बिकती है हवा
कहीं पलड़े में ख़ुद इनसान आन बैठा है

उठाए क़ीमतों की तख़्तियाँ फिरते हैं सभी
जो बिक चुके हैं उन्हें और भी बिकना है अभी
इधर ये जिस्म के अज्ज़ा की सेल जारी है
उधर वो छूट बढ़ा दी गई ज़मीर प' भी

आइए पाइए जो चाहिए वो हाजिर है
सामने जो भी है सब आप ही की ख़ातिर है
जो ख़रीदार नहीं है वो यहाँ क़ाफ़िर है
इस ज़माने का ख़ुदा कोई नहीं, ताजिर है!